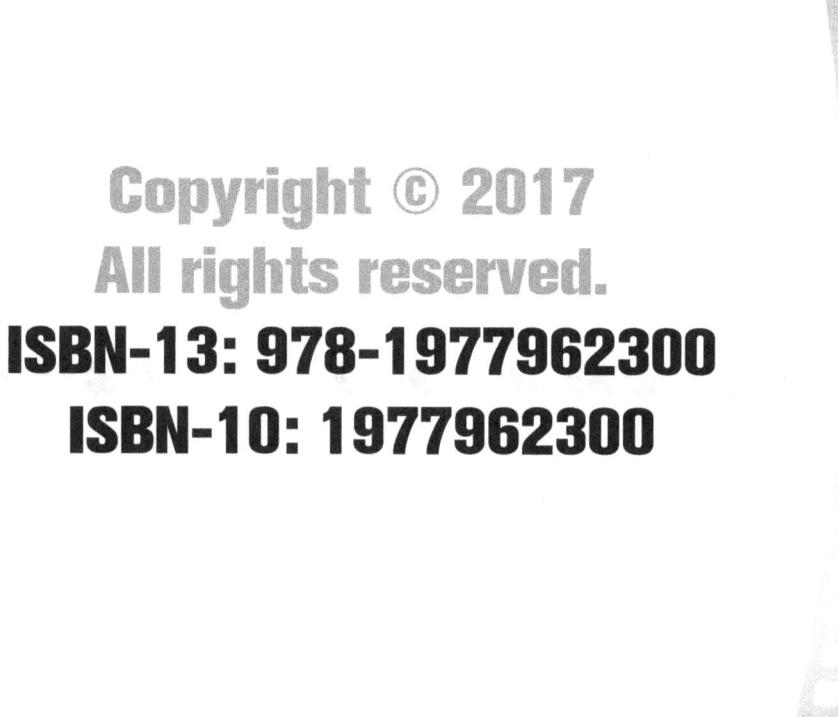

Copyright © 2017
All rights reserved.
ISBN-13: 978-1977962300
ISBN-10: 1977962300

If Found Return To

Name
Address

Phone
Email

Company Name
Address

Phone
Email

As a Reward: $

| SCENE: | SHOT: | NO: | TITLE: | DATE:_____ PAGE:_____ |

| SCENE: | SHOT: | NO: | TITLE: | DATE: PAGE: |

| SCENE: | SHOT: | NO: |

| SCENE: | SHOT: | NO: |

| SCENE: | SHOT: | NO: |

| SCENE: | SHOT: | NO: |

TITLE: DATE:_____ PAGE:_____

| SCENE: | SHOT: | NO: |

TITLE: DATE: _____ PAGE: _____

| SCENE: | SHOT: | NO: |

| SCENE: | SHOT: | NO: |

| SCENE: | SHOT: | NO: |

| SCENE: | SHOT: | NO: | TITLE: | DATE: PAGE: |

| SCENE: | SHOT: | NO: |

| SCENE: | SHOT: | NO: |

| SCENE: | SHOT: | NO: |

| SCENE: | SHOT: | NO: |

TITLE: DATE: _____ PAGE: _____

| SCENE: | SHOT: | NO: |

| SCENE: | SHOT: | NO: |

| SCENE: | SHOT: | NO: |

| SCENE: | SHOT: | NO: |

TITLE: DATE:_____ PAGE:_____

| SCENE: | SHOT: | NO: | TITLE: | DATE: _____ PAGE: _____ |

| SCENE: | SHOT: | NO: |

| SCENE: | SHOT: | NO: |

| SCENE: | SHOT: | NO: |

| SCENE: | SHOT: | NO: |

| SCENE: | SHOT: | NO: |

| SCENE: | SHOT: | NO: |

| SCENE: | SHOT: | NO: |

TITLE: DATE:_____ PAGE:_____

| SCENE: | SHOT: | NO: | TITLE: | DATE:_____ PAGE:_____ |

| SCENE: | SHOT: | NO: |

| SCENE: | SHOT: | NO: |

| SCENE: | SHOT: | NO: |

| SCENE: | SHOT: | NO: |

| SCENE: | SHOT: | NO: |

| SCENE: | SHOT: | NO: |

| SCENE: | SHOT: | NO: |

TITLE: DATE: _____ PAGE: _____

| SCENE: | SHOT: | NO: |

TITLE: DATE:____ PAGE:____

| SCENE: | SHOT: | NO: |

| SCENE: | SHOT: | NO: |

| SCENE: | SHOT: | NO: |

| SCENE: | SHOT: | NO: | TITLE: | DATE:_____ PAGE:_____ |

| SCENE: | SHOT: | NO: |

| SCENE: | SHOT: | NO: |

| SCENE: | SHOT: | NO: |

| SCENE: | SHOT: | NO: |

| SCENE: | SHOT: | NO: |

| SCENE: | SHOT: | NO: |

| SCENE: | SHOT: | NO: |

TITLE: DATE: _____ PAGE: _____

| SCENE: | SHOT: | NO: | TITLE: | DATE:_____ PAGE:_____ |

| SCENE: | SHOT: | NO: |

| SCENE: | SHOT: | NO: |

| SCENE: | SHOT: | NO: |

| SCENE: | SHOT: | NO: | TITLE: | DATE: PAGE: |

| SCENE: | SHOT: | NO: |

| SCENE: | SHOT: | NO: |

| SCENE: | SHOT: | NO: |

| SCENE: | SHOT: | NO: |

| SCENE: | SHOT: | NO: |

| SCENE: | SHOT: | NO: |

| SCENE: | SHOT: | NO: |

TITLE: DATE:_____ PAGE:_____

| SCENE: | SHOT: | NO: | TITLE: | DATE: ____ PAGE: ____ |

| SCENE: | SHOT: | NO: | TITLE: | DATE: PAGE: |

| SCENE: | SHOT: | NO: | TITLE: | DATE: PAGE: |

| SCENE: | SHOT: | NO: | TITLE: | DATE: _____ PAGE: _____ |

| SCENE: | SHOT: | NO: |

| SCENE: | SHOT: | NO: |

| SCENE: | SHOT: | NO: |

| SCENE: | SHOT: | NO: | TITLE: | DATE: _____ PAGE: _____ |

| SCENE: | SHOT: | NO: |

| SCENE: | SHOT: | NO: |

| SCENE: | SHOT: | NO: |

| SCENE: | SHOT: | NO: | TITLE: | DATE: _____ PAGE: _____ |

| SCENE: | SHOT: | NO: |

| SCENE: | SHOT: | NO: |

| SCENE: | SHOT: | NO: |

| SCENE: | SHOT: | NO: | TITLE: | DATE: _____ PAGE: _____ |

| SCENE: | SHOT: | NO: |

| SCENE: | SHOT: | NO: |

| SCENE: | SHOT: | NO: |

| SCENE: | SHOT: | NO: |

| SCENE: | SHOT: | NO: |

| SCENE: | SHOT: | NO: |

| SCENE: | SHOT: | NO: |

TITLE: DATE: _____ PAGE: _____

| SCENE: | SHOT: | NO: | TITLE: | DATE: _____ PAGE: _____ |

| SCENE: | SHOT: | NO: |

| SCENE: | SHOT: | NO: |

| SCENE: | SHOT: | NO: |

| SCENE: | SHOT: | NO: |

TITLE: DATE: _____ PAGE: _____

| SCENE: | SHOT: | NO: | TITLE: | DATE: _____ PAGE: _____ |

| SCENE: | SHOT: | NO: |

| SCENE: | SHOT: | NO: |

| SCENE: | SHOT: | NO: |

| SCENE: | SHOT: | NO: |

| SCENE: | SHOT: | NO: |

| SCENE: | SHOT: | NO: |

| SCENE: | SHOT: | NO: |

TITLE:　　　　　　　　　　　　　　　　DATE: _____ PAGE: _____

| SCENE: | SHOT: | NO: | TITLE: | DATE: _____ PAGE: _____ |

| SCENE: | SHOT: | NO: |

| SCENE: | SHOT: | NO: |

| SCENE: | SHOT: | NO: |

| SCENE: | SHOT: | NO: |

TITLE: _____ DATE: _____ PAGE: _____

| SCENE: | SHOT: | NO: | TITLE: | DATE: PAGE: |

| SCENE: | SHOT: | NO: |

| SCENE: | SHOT: | NO: |

| SCENE: | SHOT: | NO: |

| SCENE: | SHOT: | NO: |

TITLE: DATE: _____ PAGE: _____

| SCENE: | SHOT: | NO: | TITLE: | DATE: _____ PAGE: _____ |

| SCENE: | SHOT: | NO: |

| SCENE: | SHOT: | NO: |

| SCENE: | SHOT: | NO: |

| SCENE: | SHOT: | NO: |

TITLE: DATE: _____ PAGE: _____

| SCENE: | SHOT: | NO: | TITLE: | DATE: _____ PAGE: _____ |

| SCENE: | SHOT: | NO: |

| SCENE: | SHOT: | NO: |

| SCENE: | SHOT: | NO: |

| SCENE: | SHOT: | NO: |

TITLE: DATE: _____ PAGE: _____

| SCENE: | SHOT: | NO: | TITLE: | DATE: ___ PAGE: ___ |

| SCENE: | SHOT: | NO: |

| SCENE: | SHOT: | NO: |

| SCENE: | SHOT: | NO: |

| SCENE: | SHOT: | NO: |

TITLE: DATE: _____ PAGE: _____

| SCENE: | SHOT: | NO: | TITLE: | DATE: _____ PAGE: _____ |

| SCENE: | SHOT: | NO: |

| SCENE: | SHOT: | NO: |

| SCENE: | SHOT: | NO: |

| SCENE: | SHOT: | NO: |

TITLE: DATE: _____ PAGE: _____

| SCENE: | SHOT: | NO: |

| SCENE: | SHOT: | NO: |

| SCENE: | SHOT: | NO: |

| SCENE: | SHOT: | NO: |

TITLE: DATE: _____ PAGE: _____

| SCENE: | SHOT: | NO: |

| SCENE: | SHOT: | NO: |

| SCENE: | SHOT: | NO: |

| SCENE: | SHOT: | NO: |

TITLE: _____   DATE: _____ PAGE: _____

| SCENE: | SHOT: | NO: |

| SCENE: | SHOT: | NO: |

| SCENE: | SHOT: | NO: |

| SCENE: | SHOT: | NO: |

TITLE:　　　　　　　　　　　　　　　　　　　　DATE:_____ PAGE:_____

| SCENE: | SHOT: | NO: |

| SCENE: | SHOT: | NO: |

| SCENE: | SHOT: | NO: |

| SCENE: | SHOT: | NO: |

TITLE: DATE: _____ PAGE: _____

| SCENE: | SHOT: | NO: |

| SCENE: | SHOT: | NO: |

| SCENE: | SHOT: | NO: |

| SCENE: | SHOT: | NO: |

TITLE: DATE: _____ PAGE: _____

| SCENE: | SHOT: | NO: | TITLE: | DATE: _____ PAGE: _____ |

| SCENE: | SHOT: | NO: |

| SCENE: | SHOT: | NO: |

| SCENE: | SHOT: | NO: |

| SCENE: | SHOT: | NO: | TITLE: | DATE: _____ PAGE: _____ |

| SCENE: | SHOT: | NO: | TITLE: | DATE: _____ PAGE: _____ |

| SCENE: | SHOT: | NO: |

| SCENE: | SHOT: | NO: |

| SCENE: | SHOT: | NO: |

| SCENE: | SHOT: | NO: | TITLE: | DATE: _____ PAGE: _____ |

| SCENE: | SHOT: | NO: |

| SCENE: | SHOT: | NO: |

| SCENE: | SHOT: | NO: |

| SCENE: | SHOT: | NO: |

TITLE: DATE: _____ PAGE: _____

| SCENE: | SHOT: | NO: | TITLE: | DATE: _____ PAGE: _____ |

| SCENE: | SHOT: | NO: |

| SCENE: | SHOT: | NO: |

| SCENE: | SHOT: | NO: |

| SCENE: | SHOT: | NO: | TITLE: | DATE: PAGE: |

| SCENE: | SHOT: | NO: |

| SCENE: | SHOT: | NO: |

| SCENE: | SHOT: | NO: | TITLE: |

| SCENE: | SHOT: | NO: | TITLE: | DATE: _____ PAGE: _____ |

| SCENE: | SHOT: | NO: |

| SCENE: | SHOT: | NO: |

| SCENE: | SHOT: | NO: |

| SCENE: | SHOT: | NO: |

TITLE: DATE: _____ PAGE: _____

| SCENE: | SHOT: | NO: |

| SCENE: | SHOT: | NO: |

| SCENE: | SHOT: | NO: |

| SCENE: | SHOT: | NO: |

TITLE: DATE: _____ PAGE: _____

| SCENE: | SHOT: | NO: |

| SCENE: | SHOT: | NO: |

| SCENE: | SHOT: | NO: |

| SCENE: | SHOT: | NO: |

TITLE: DATE: _____ PAGE: _____

| SCENE: | SHOT: | NO: | TITLE: | DATE: _____ PAGE: _____ |

| SCENE: | SHOT: | NO: |

| SCENE: | SHOT: | NO: |

| SCENE: | SHOT: | NO: |

| SCENE: | SHOT: | NO: |

| SCENE: | SHOT: | NO: |

| SCENE: | SHOT: | NO: |

| SCENE: | SHOT: | NO: |

TITLE: DATE: _____ PAGE: _____

| SCENE: | SHOT: | NO: | TITLE: | DATE: _____ PAGE: _____ |

| SCENE: | SHOT: | NO: |

| SCENE: | SHOT: | NO: |

| SCENE: | SHOT: | NO: |

| SCENE: | SHOT: | NO: | TITLE: | DATE: _____ PAGE: _____ |

| SCENE: | SHOT: | NO: |

| SCENE: | SHOT: | NO: |

| SCENE: | SHOT: | NO: | TITLE: |

| SCENE: | SHOT: | NO: | TITLE: | DATE:_____ PAGE:_____ |

| SCENE: | SHOT: | NO: |

| SCENE: | SHOT: | NO: |

| SCENE: | SHOT: | NO: |

| SCENE: | SHOT: | NO: | TITLE: | DATE: _____ PAGE: _____ |

| SCENE: | SHOT: | NO: |

| SCENE: | SHOT: | NO: |

| SCENE: | SHOT: | NO: |

| SCENE: | SHOT: | NO: |

| SCENE: | SHOT: | NO: |

| SCENE: | SHOT: | NO: |

| SCENE: | SHOT: | NO: |

TITLE: DATE: _____ PAGE: _____

| SCENE: | SHOT: | NO: | TITLE: | DATE:_____ PAGE:_____ |

| SCENE: | SHOT: | NO: |

| SCENE: | SHOT: | NO: |

| SCENE: | SHOT: | NO: |

| SCENE: | SHOT: | NO: |

| SCENE: | SHOT: | NO: |

| SCENE: | SHOT: | NO: |

| SCENE: | SHOT: | NO: |

TITLE: DATE: _____ PAGE: _____

| SCENE: | SHOT: | NO: |

| SCENE: | SHOT: | NO: |

| SCENE: | SHOT: | NO: |

| SCENE: | SHOT: | NO: |

TITLE: DATE: _____ PAGE: _____

| SCENE: | SHOT: | NO: | TITLE: | DATE: PAGE: |

| SCENE: | SHOT: | NO: | TITLE: | DATE: _____ PAGE: _____ |

| SCENE: | SHOT: | NO: |

| SCENE: | SHOT: | NO: |

| SCENE: | SHOT: | NO: |

| SCENE: | SHOT: | NO: | TITLE: | DATE: _____ PAGE: _____ |

| SCENE: | SHOT: | NO: |

| SCENE: | SHOT: | NO: |

| SCENE: | SHOT: | NO: |

| SCENE: | SHOT: | NO: |

| SCENE: | SHOT: | NO: |

| SCENE: | SHOT: | NO: |

| SCENE: | SHOT: | NO: |

TITLE: DATE:_____ PAGE:_____

| SCENE: | SHOT: | NO: |

| SCENE: | SHOT: | NO: |

| SCENE: | SHOT: | NO: |

| SCENE: | SHOT: | NO: |

TITLE: DATE: PAGE:

| SCENE: | SHOT: | NO: |

| SCENE: | SHOT: | NO: |

| SCENE: | SHOT: | NO: |

| SCENE: | SHOT: | NO: |

TITLE: _____ DATE: _____ PAGE: _____

| SCENE: | SHOT: | NO: |

| SCENE: | SHOT: | NO: |

| SCENE: | SHOT: | NO: |

| SCENE: | SHOT: | NO: |

TITLE: DATE: PAGE:

| SCENE: | SHOT: | NO: | TITLE: | DATE: _____ PAGE: _____ |

| SCENE: | SHOT: | NO: |

| SCENE: | SHOT: | NO: |

| SCENE: | SHOT: | NO: |

| SCENE: | SHOT: | NO: |

TITLE: DATE: PAGE:

| SCENE: | SHOT: | NO: | TITLE: | DATE: _____ PAGE: _____ |

| SCENE: | SHOT: | NO: |

| SCENE: | SHOT: | NO: |

| SCENE: | SHOT: | NO: |

| SCENE: | SHOT: | NO: | TITLE: | DATE: _____ PAGE: _____ |

| SCENE: | SHOT: | NO: |

| SCENE: | SHOT: | NO: |

| SCENE: | SHOT: | NO: |

| SCENE: | SHOT: | NO: | TITLE: | DATE: _____ PAGE: _____ |

| SCENE: | SHOT: | NO: |

| SCENE: | SHOT: | NO: |

| SCENE: | SHOT: | NO: |

| SCENE: | SHOT: | NO: |

TITLE: DATE: PAGE:

| SCENE: | SHOT: | NO: | TITLE: | DATE: _____ PAGE: _____ |

| SCENE: | SHOT: | NO: |

| SCENE: | SHOT: | NO: |

| SCENE: | SHOT: | NO: |

| SCENE: | SHOT: | NO: | TITLE: | DATE: _____ PAGE: _____ |

| SCENE: | SHOT: | NO: | TITLE: | DATE: _____ PAGE: _____ |

| SCENE: | SHOT: | NO: |

| SCENE: | SHOT: | NO: |

| SCENE: | SHOT: | NO: |

| SCENE: | SHOT: | NO: | TITLE: | DATE: PAGE: |

| SCENE: | SHOT: | NO: | TITLE: | DATE:____ PAGE:____ |

| SCENE: | SHOT: | NO: |

| SCENE: | SHOT: | NO: |

| SCENE: | SHOT: | NO: |

| SCENE: | SHOT: | NO: |

| SCENE: | SHOT: | NO: |

| SCENE: | SHOT: | NO: |

| SCENE: | SHOT: | NO: |

TITLE: DATE: _____ PAGE: _____

| SCENE: | SHOT: | NO: |

TITLE: DATE:_____ PAGE:_____

| SCENE: | SHOT: | NO: |

| SCENE: | SHOT: | NO: |

| SCENE: | SHOT: | NO: |

TITLE:

| SCENE: | SHOT: | NO: |

| SCENE: | SHOT: | NO: |

| SCENE: | SHOT: | NO: |

| SCENE: | SHOT: | NO: |

TITLE: DATE: _____ PAGE: _____

| SCENE: | SHOT: | NO: |

| SCENE: | SHOT: | NO: |

| SCENE: | SHOT: | NO: |

| SCENE: | SHOT: | NO: |

TITLE: DATE:_____ PAGE:_____

| SCENE: | SHOT: | NO: | TITLE: | DATE: PAGE: |

| SCENE: | SHOT: | NO: |

TITLE:　　　　　　　　　　　　　　　　　　　　DATE:_____ PAGE:_____

| SCENE: | SHOT: | NO: |

| SCENE: | SHOT: | NO: |

| SCENE: | SHOT: | NO: |

| SCENE: | SHOT: | NO: |

TITLE: DATE: _____ PAGE: ____

| SCENE: | SHOT: | NO: |

| SCENE: | SHOT: | NO: |

| SCENE: | SHOT: | NO: |

| SCENE: | SHOT: | NO: | TITLE: | DATE:_____ PAGE:_____ |

| SCENE: | SHOT: | NO: |

| SCENE: | SHOT: | NO: |

| SCENE: | SHOT: | NO: |

| SCENE: | SHOT: | NO: | TITLE: | DATE: PAGE: |

| SCENE: | SHOT: | NO: |

| SCENE: | SHOT: | NO: |

| SCENE: | SHOT: | NO: |

| SCENE: | SHOT: | NO: |

TITLE: DATE:_____ PAGE:_____

| SCENE: | SHOT: | NO: |

| SCENE: | SHOT: | NO: |

| SCENE: | SHOT: | NO: |

| SCENE: | SHOT: | NO: |

TITLE: DATE: _____ PAGE: _____

| SCENE: | SHOT: | NO: | TITLE: | DATE:_____ PAGE:_____ |

| SCENE: | SHOT: | NO: |

| SCENE: | SHOT: | NO: |

| SCENE: | SHOT: | NO: |

| SCENE: | SHOT: | NO: | TITLE: | DATE: _____ PAGE: _____ |

| SCENE: | SHOT: | NO: |

| SCENE: | SHOT: | NO: |

| SCENE: | SHOT: | NO: |

| SCENE: | SHOT: | NO: |

TITLE: DATE: _____ PAGE: _____

| SCENE: | SHOT: | NO: |

| SCENE: | SHOT: | NO: |

| SCENE: | SHOT: | NO: |

| SCENE: | SHOT: | NO: |

TITLE: DATE: _____ PAGE: _____

| SCENE: | SHOT: | NO: |

| SCENE: | SHOT: | NO: |

| SCENE: | SHOT: | NO: |

| SCENE: | SHOT: | NO: |

TITLE: DATE:_____ PAGE:_____

| SCENE: | SHOT: | NO: | TITLE: | DATE: _____ PAGE: _____ |

| SCENE: | SHOT: | NO: |

| SCENE: | SHOT: | NO: |

| SCENE: | SHOT: | NO: |

| SCENE: | SHOT: | NO: | TITLE: | DATE: _____ PAGE: _____ |

| SCENE: | SHOT: | NO: | TITLE: | DATE: _____ PAGE: _____ |

| SCENE: | SHOT: | NO: |

| SCENE: | SHOT: | NO: |

| SCENE: | SHOT: | NO: |

| SCENE: | SHOT: | NO: |

| SCENE: | SHOT: | NO: |

| SCENE: | SHOT: | NO: |

| SCENE: | SHOT: | NO: |

TITLE: DATE: _____ PAGE: _____

| SCENE: | SHOT: | NO: | TITLE: | DATE: _____ PAGE: _____ |

| SCENE: | SHOT: | NO: |

| SCENE: | SHOT: | NO: |

| SCENE: | SHOT: | NO: |

| SCENE: | SHOT: | NO: |

TITLE: _____ DATE: _____ PAGE: _____

| SCENE: | SHOT: | NO: | TITLE: | DATE: _____ PAGE: _____ |

| SCENE: | SHOT: | NO: | TITLE: | DATE: _____ PAGE: _____ |

| SCENE: | SHOT: | NO: |

| SCENE: | SHOT: | NO: |

| SCENE: | SHOT: | NO: |

| SCENE: | SHOT: | NO: |

| SCENE: | SHOT: | NO: |

| SCENE: | SHOT: | NO: |

| SCENE: | SHOT: | NO: |

TITLE: DATE:_____ PAGE:_____

| SCENE: | SHOT: | NO: |

| SCENE: | SHOT: | NO: |

| SCENE: | SHOT: | NO: |

| SCENE: | SHOT: | NO: |

TITLE: DATE:_____ PAGE:_____

| SCENE: | SHOT: | NO: | TITLE: | DATE: _____ PAGE: _____ |

| SCENE: | SHOT: | NO: |

| SCENE: | SHOT: | NO: |

| SCENE: | SHOT: | NO: |

| SCENE: | SHOT: | NO: | TITLE: | DATE:_____ PAGE:_____ |

| SCENE: | SHOT: | NO: |

| SCENE: | SHOT: | NO: |

| SCENE: | SHOT: | NO: |

| SCENE: | SHOT: | NO: | TITLE: | DATE: _____ PAGE: _____ |

| SCENE: | SHOT: | NO: |

| SCENE: | SHOT: | NO: |

| SCENE: | SHOT: | NO: |

| SCENE: | SHOT: | NO: |

TITLE: DATE: _____ PAGE: _____

TITLE: DATE: _____ PAGE: _____

| SCENE: | SHOT: | NO: | TITLE: | DATE: PAGE: |

| SCENE: | SHOT: | NO: | TITLE: | DATE: _____ PAGE: _____ |

| SCENE: | SHOT: | NO: |

| SCENE: | SHOT: | NO: |

| SCENE: | SHOT: | NO: |

| SCENE: | SHOT: | NO: |

| SCENE: | SHOT: | NO: |

| SCENE: | SHOT: | NO: |

| SCENE: | SHOT: | NO: |

TITLE: DATE:_____ PAGE:_____

| SCENE: | SHOT: | NO: |

TITLE: DATE: _____ PAGE: _____

| SCENE: | SHOT: | NO: |

| SCENE: | SHOT: | NO: |

| SCENE: | SHOT: | NO: |

| SCENE: | SHOT: | NO: | TITLE: | DATE: PAGE: |

| SCENE: | SHOT: | NO: |

| SCENE: | SHOT: | NO: |

| SCENE: | SHOT: | NO: |

www.ingramcontent.com/pod-product-compliance
Lightning Source LLC
Chambersburg PA
CBHW082338220526
45470CB00008B/2562